🌹 일러두기

일부 표기와 문체는 저자만의 고유 스타일임을 알립니다.

청춘은 무라벨

작가의 말

청춘은 흔히 반항과 예민함,
질풍노도의 시기 같은 말들로 치부됩니다.
하지만 저는
그 순간들을 단순한 말로 가두고 싶지 않았습니다.
빛나고 어두운 감정들, 알 수 없는 모호한 마음들,
그 모든 것들이 청춘이라는 이름 아래 살아 숨 쉬고 있음
을 기록하고 싶었습니다.

이 시집은 제가 겪은 청춘의 파편들이자,
아직 자라고 있는 제 자신을 비추는 거울이며,
누군가의 빛나고 흔들리는 시간을 담은 기록입니다.

청춘에는 규정도, 이름도 필요 없습니다.
그래서 부제목을 **'청춘은 무라벨'**이라 지었습니다.
이 시집을 읽는 동안 여러분들도
자신의 청춘을 다시 보고, 느끼고,
그 어떤 라벨에도 갇히지 않은
진짜 자신을 발견할 수 있기를 바랍니다.

차례

우리가 처음 빛나던 순간 속 • 11

그림자 속에서 길을 잃어도   • 81

1. 우리가 처음 빛나던
순간 속

여름의 냄새는
감정에 가장 가깝다

산뜻했다
샤워하고 나와 맨몸으로 맞은 바람처럼
어딘가 벗겨진 채 시작된 계절이었다

그리고 꿉꿉했다
젖은 셔츠
눅눅한 운동화
미루고 미뤘던 말들이 땀처럼 스며드는 오후

그러다 갑자기
햇빛이 코끝을 찔렀다
마치
한 문장에 담기지 않는 감정이
확 퍼지는 냄새처럼

여름의 냄새는 감정에 가장 가깝다
선풍기 바람 사이로 삐뚤게 돌아가는 생각
땀에 지친 말투
그러면서도 자꾸만 걸음을 멈추게 만드는 그리움 같은 것들

그때 우리는
서툰 말보다
더 정확한 냄새를 풍기며
서로를 이해했던 것 같다

그러니까
너는 여름이었다
산뜻하고 꿉꿉하고
그 속에서 나던
아주 뜨거운 햇빛 향

은하수

밤하늘에 흘러가는 은하수
우리의 청춘도 그 사이를 표류한다

투명한 빛에 잠긴 설렘
커다란 꿈조각 하나하나
손끝에 닿지 않아도 반짝인다

황혼처럼 지나가는 시간 속
말하지 않아도 서로를 알아채고
길을 잃을지라도 서로에게 길을 묻는다

은하수에 몸을 맡긴 이 밤
우리의 청춘은
가만히 그러나 찬란히
빛의 조각처럼 흘러간다

러시안룰렛

철없이 달아오른 계절의 끝에서
너 하나만은 웃게 할게

바보처럼 던진 이 한 발의 고백
너 하나만은 아프지 않게 할게

탕
탕
탕
탕
탕

이제 나야

그래 너야

창문을 따라 흐르는 물방울처럼

투명히
빛나는
한 줄기

물결쳐
빛 머문
유리창

그 사이
손가락
하나가

길 따라
조금씩
움직여

그것이
내 청춘

그것이
네 청춘

달려

난 너와 달리고 싶어
그저 아무 생각 없이

우리의 속도는 중요하지 않으니까
각자의 속도로 이 순간 달리는 거야

자, 이제 내 손을 잡아
고속도로 위를 날으듯
달리자 달리고 달리자

17

첫

어느 봄날
수줍은 벚꽃처럼
다가왔던 너이기에

어느 여름날
강인한 햇볕처럼
비춰줬던 너이기에

어느 가을날
붉은빛 단풍처럼
물들었던 너이기에

어느 겨울날
새하얀 눈꽃처럼
순수했던 너이기에

나는 너를
너를
너를
그리운다

딸기우유

네가 준 딸기 우유를 조심스레 마셨어

진한 달콤함이 입안에 퍼졌어
핑크빛 사랑이 입안에 퍼졌어

빛나던 순간의
우리의 찬란한 사랑을
딸기 우유 한 잔에
시원하게 삼켜 버리자

낙엽

낙엽이 천천히 내려앉는 길목
바람은 낮게 속삭이고
햇살은 부드럽게 물든다

우리는 그 속에 서성이다
마치 붉게 물든 나뭇잎처럼
한때 뜨겁게 타오르다
이내 차분히 빛나는 순간을 품는다

서늘한 공기 속에 스며든
그리움과 설렘이 교차하고
걸음을 멈춘 채
마음은 가을 하늘을 향해
자유롭게 펼쳐진다

한 편의 가을 시처럼
우리도 그렇게
조용히 그러나 또렷하게
우리만의 색을 완성해 간다

소나기

너와 나의 추억을 떠올리다 유월의 소나기가 기억이 났어
푸르던 잔디 위에서 에이드를 나눠 마시던 우리는
갑자기 내리던 소나기에 교복이 젖었지만
세상이 떠나가라 여름을 물들였지

공명

비운 심연에 첫 울림 스미면
침묵조차 오래도록 떨리운다

울린 침묵에 첫 눈물 적시면
비움조차 오래도록 애별한다

단 하나의 절망이
단 하나의 희망이
되는 시간 속에서

우리는 공명한다

빛나리

너와 내가 만날 수 있는
순간의 경계는
마치 가득 찬 꿈결 같아서

너를 닮은
끝없는 수평선은
마치 미끄러지는 비눗방울 같아서

빛나리
넌 영원히 빛나리
가득 찬 꿈결 속
미끄러지는 비눗방울처럼
투명하고 눈부시게
빛나리

PURPLE

뜨거운 태양에 삼켜진
가벼운 빛깔의 파랑이
수많은 감정을 지나서
반대의 방울을 만나니
오묘한 우주의 보라가

시원한 달빛에 삼켜진
무거운 빛깔의 빨강이
수많은 순간을 돌려서
반대의 바람을 만나니
색다른 너만의 보라가

변하지 않는 것

사랑은 때론, 닿을 수 없기에 더 간절해지는 기도였다
아지랑이가 아릿아릿 떠다니고, 매미들은 합창을 하는 계절
그 계절 속에서 나는 너를 만났다
손끝에서 느껴지는 진동

메아리치듯 달려오는 너의 모습
그렇게 우리는 영원할 줄 알았다
선은 우리의 운명을 가르고, 미래는 우리의 사랑을 갈랐다
다시 만날 때까지
우리는 변하지 않는 것으로

구원

검게 물든 세상은 날
주저앉혔고
무너뜨렸으며
상처 입혔지

그렇지만 버텨내고 싶었어
널 위해서라도 살아가고 싶었어

그래서 난 지금을 버티며
너의 따뜻한 손길을 떠올리며
하루를 살아내

역사

조금은 위태로울지도 몰라
가끔은 벗어나고 싶을 수도 있어
그러나 이 길을 따라
깃발을 펼치고
잠시만 버텨낸다면
우리는 역사에 새겨질 모험을 하는 거야

파도 속 음표

저 소리 들려?
노래하고 있잖아
파도가
꿈결 같은 선율을 그려내고 있어
난 들려
그 음표가 눈에 보여
그런데 말이야
파도는 너야
네가 파도야
어쩌면 네 인생일지도 몰라
파도야
파도야
덧없는 시간 속을 흐르는 너라는 파도야
나와 같이 저 먼 미래를 향해 달려가지 않을래?
함께 손 잡고 다가올 희망을 위해

사랑해, 그대를

사랑은 때때로 말이 되지 않았다.
그러나 나는 당신을 말로 품었고, 문장으로 안았으며,
침묵 속에서 오래도록 바라보았다.

당신은 계절 없이 찾아왔고, 나는 준비 없이 사랑했다.
무언가를 주려고 한 것도 아니고,
무엇을 받으려고 한 것도 아니었다.
다만, 사랑이라는 감정이
어딘가에서 조용히 피어나고 있다는 것을 알았을 뿐이다.

그대와 마주 앉았던 날의 공기는
지금도 내 기억 속에서 숨을 쉰다.
그 순간의 바람, 그 계절의 빛,
당신의 눈동자에 담긴 파문처럼 고요하고 선명하게.

그대를 사랑하는 일은 한 사람을 기다리는 일이었고,
이해할 수 없는 마음을 껴안는 일이었다.
때로는 나조차 내 마음을 알 수 없어 괴로웠지만,
그 혼란 속에서도 나는 당신을 놓지 않았다.
사랑이란 감정은 그렇게 나를 부드럽게 망가뜨리면서도
단단히 지켜주었다.

우리에겐 어떤 말로도 표현할 수 없는 순간들이 있었다.
당신과 나 사이에는 그런 침묵들이 자주 머물렀다.
그건 끝을 의미하지 않았다.
오히려 시작을 담은 여백이었다.
우리는 그 여백을 함께 바라보며 조금씩 닮아갔다.

시간이 흐른 뒤에도, 나는 여전히 사랑을 정의할 수 없다.
하지만 그대를 생각하면, 모든 것이 이해된다.
사랑은 당신을 부를 때 가장 선명했고, 그대를 떠올릴 때
가장 조용히 울었다.

그래서 이 마음을 이름 붙이자면,
나는 주저 없이 말하리라.

사랑애, 그대를.

물거품

우리의 모든 대화는 칼날 같았고
눈빛은 도망치듯 빨랐고
손끝은 어딘갈 찌를 듯 떨렸고

그땐 몰랐어
빛나는 게 다 아름다운 건 아니라는 걸
너는 너무 예뻤고
나는 너무 아팠지

밤마다 우린
서로의 이름을 부르지 않기 위해
더 크게 웃었고
더 세게 뛰었지

해변에서
우린 서로의 그림자를 밟았어
그러다 넌 말했어
나는 지금 살아있는 기분이 들어

그래서였을까
너를 이해하고 싶었어
그 찢어진 무릎도
그 새카만 눈빛도

결국 그 여름은
물거품처럼 사라졌고
우린 바다보다 더 깊이
서로에게 가라앉았지

다신 돌아오지 않을 계절
우린 그 안에서
한 번도 완벽했던 적은 없지만
어쩐지
영원히 반짝였어

파도

떠나려 하니 청량하게 밀려오고
붙잡으려 하니 눈부시게 부서지는
너의 그 존재가
내 마음을 조금씩
아주 조금씩
적신다

봄빛 주의보

싱그러운 봄빛
따사로운 햇살
그 아래 너와 나

저 풀잎 속에
자그마한 구멍 하나
봄빛이 뚫고
지나간 자국일까

그러다 눈이 마주치며
분홍빛에
분홍빛의
웃음

속보입니다
봄빛 주의보가 내려졌습니다

소용돌이

소용돌이 속에서
용기 내 버텨내니 마침내
돌아오는 결실은
이 찬란한 우리의 청춘

몽글몽글

가슴 한편에 피어난 수줍음이
숨죽인 바람 속에 살랑이며
햇살에 물든 시간들 속에서
몽글몽글하게 꽃 피우네

청춘
사랑
우리

몽글거리는 우리의 순간들

달달한 궤도,
눈부신 파편

초콜릿칩 쿠키를 한 입 가득 베어 물고
바닐라 라떼를 한 입 가득 들이키고

달달한 궤도를 따라
눈부신 파편을 따라

조금은 물리더라도
끈적한 청춘을 삼켜

발렌타인데이

진득한 초콜릿이 손에 묻었어
더 진득한 내 입술로 그것을 삼켰지
그러다 너와 눈이 마주쳤어
지금껏 본 적 없는
풋풋한 청사과 맛 초콜릿을 삼키는 기분이었어

Miracle

믿을 수만 있다면
세상은 푸른빛 아지랑이처럼 보일 거야

믿을 수만 있다면
세상은 분홍빛 꿈처럼 보일 거야

미라클
너란 단어로 세상을 한 번 바꿔볼까

믿을 수만 있다면
모든 건 완벽할 텐데

숲

푸르디 푸르고
맑디 맑아서
손을 댈 수가 없었어
손을 대면 뭉개질까 봐

그곳에선
어두운 그늘도
밝은 햇살이 되고

그곳에선
두려운 생명도
환한 숨결이 되니까

너를 그대로 간직하고파
숲이란 이름의 청춘을
청춘이란 이름의 숲을

아이스 애플 캔디

아이스
차갑고

애플
상큼하고

캔디
달콤한

아이스 애플 캔디
기억의 춤을 추는
아이스 애플 캔디
우리의 추억 담은
아이스 애플 캔디
영원할 순간 남은
아이스 애플 캔디

비눗방울 왈츠

한 걸음 내딛는다
불완전한 발끝으로

두 걸음 뻗어본다
건들면 터질 것 같지만

조금씩 조금씩
너에게 다가가
투명한 미소로
손끝에 닿으면
청춘을 알린다

아리따운 너의
청춘을 연주한다

추신

이 편지를 쓰고 있는 지금
여름비가 내리네요
당신을 향한 제 마음도 여름비 같아요
시원한 그것이 애타게 기다려지고
막상 내리면 축축함에 멀리하고 싶은
여름비가 당신 같아요
그러니 우리 이만 헤어질까요

조각달

구름을 그리네요
저 푸른 하늘 높이

바람을 날리네요
저 높은 하늘 너머

햇살을 피우네요
우리의 청춘 너머

조각달을 띄우네요
끝나지 않을 청춘 높이

글레이즈

얇게 발린 설탕막 같이
파삭거리는 사랑을 한 입 베어 물면
녹아내린 달콤함이 입 안 가득

고백

손에 쥐면 사라지고
입술에 담으면 흩어지는 것

너의, 나의 웃음도
서툰 고백도 전부
부서지고 흩어져도
한순간 빛나는 반짝임

그 찰나를 위해
끝없이 부서진 우리

늘 사라지지만
그 무상함 속에서
가장 크게 울리는 청춘

마법소녀

거기 너
그래 너 말이야
너무 완벽하잖아

거짓말
난 못생기고
뚱뚱하고

그만
누가 감히 널 그리 불러
너라서 모든 게 충분한 걸
난 네가 되고 싶다고
이 마법소녀야

2. 자몽빛 향기에 이끌려

뭉그러진 자두 알갱이야, 넌

한여름 뙤약볕에 자두 한 알을 가져다 놓아
넌 내게로 달려오다 자두를 미처 보지 못했지

네게 밟혀버린 자두 알갱이는 뭉그러졌지만
네게 피어오른 자두 향기는 우리의 여름 같아서

우리의 눈빛이 지평선 너머 닿을 때
자두는 꿈결이 되었지

아, 이제 느껴진다
뜨거웠던 여름의 향기가

아, 이제 알겠다
뭉그러진 자두 알갱이야, 넌

궤도

평행한 궤도를 따라
순환하던 라일락 꽃이
수줍게 손끝을 내밀어

운명의 궤도를 찾아
살랑이는 라일락 꽃이
가볍게 고개를 흔들어

너와
나와
우리의

과거가
현재가
미래가

마침내 같은 궤도에 진입했어

운명

붉은 하늘이
눈앞을 가리고

고요한 심장이
12시를 가르며

내 세계가
뒤집히고

잊고 있던 기억이
떠오르며

애타게 찾던 너를
눈물로 그려내

트로피컬 나이트

트로피컬 나이트
뜨겁고 싱그러운 도시의 밤

자두빛 신호등 앞에서
무더운 열기에 익어갈
너를 기다리고

레몬 같은 미소로
횡단보도 앞에 서 있는
너를 바라보고

재즈바 근처를 함께 거닐다
흘러나온 색소폰 소리는
귤 향기가 나고

그 소리에 맞춰
발을 구르는 너는
단단한 수박 같고

내 심장은
체리 알갱이처럼
붉고 잘게 뛰고

우린 서툴게
설탕 뿌린 토마토 같은
말을 나누고

밤은 천천히 물들어 간다

피아노 위에 흩날린 사과
과즙처럼

체육복 위로
노을이 물들기 시작한 가을 오후였어
복도 끝 음악실에
누가 깎다 만 사과가 있었고

우리는 시험공부는 뒷전인 채
하얀 건반 위에 손을 올렸지
잘 치지도 못하는 곡을 치다
서로 틀리면서 웃었고

바람은 창문 결을 따라 들어와
사과 냄새를 흔들었고
그 즙이 흘러내리듯
너의 그 말 한마디가
내 마음 어딘가에 스며들었어

가을은 왜 이리 아리고도 아름다울까
난 네 말에 대답할 수 없었어
그 시절의 우리는
곧 사라질 노을 같았다는 걸
미처 몰랐으니까

아직 피아노는 그 자리에 있을까
우리가 아무 말 없이
나란히 앉았던 그 자리엔
먼지가 대신 앉아 있을까

가끔 그 오후를 떠올려
사과 과즙처럼 맑고 풋풋했던
우리의 청춘을
건반 위에 다시 눌러보곤 해

짧았지만
참 예뻤던 계절이었어
가을도 너도
그리고 그 멜로디도

매듭

엉켜버린 붉은 실
미처 끝내지 못한 매듭

너와 나의 세계가 달라도
다시 한번 만날 수 있다면

지금에야 깨닫는
아리고 슬펐던 첫사랑

환상통

백일몽을 꾸는 듯 짙은 꿈결 속 널 삼켰다
환각에서 깨고파 깊은 풀빛 선율을 지웠다

삼켜지고 지워져 무수히 빛나던 날들
청춘을 닮아 아리고 아려오던 나날들
이라는 환상을 꿈꿨다

아프다

아, 이게 환상통일까

그 여름,
너는 유통기한이 없었다

마트에서 블루베리를 고르던 날이 생각나
유통기한은 다음 주까지였고
나는 그게 시간이 너무 짧다며 중얼거렸지

그때 너는
나는 그런 거 없어
영원한 맛이야
라며 말했고

그때 나는
나는 그런 거 믿어
영원히 함께해
라며 웃었는데

정말 그 말이
사실인 줄 알았어

너는 아이스크림이 녹기 전에 꼭 먹어야 한다고 했고
햇빛을 다 흡수한 티셔츠처럼
뜨거운 말을 아무렇지 않게 꺼냈지

그러다 툭
우리 영원하자
같은 말도 했고

나는 그 말이
상온 보관도
가능한 줄 알았어

근데 결국
우리는 하루 만에 싸웠고
이틀 만에 말이 줄었고
삼 일째엔 서로를
이름으로 저장했어

그 여름,
너는 유통기한이 없다고 했지만

너를 닮은 감정들은
그 해 8월 말쯤 다 상해버렸고

나는 지금도 가끔
냉장고 문을 열다
문득 너의 말이 떠올라

나는 그런 거 없어.
영원한 맛이야.

그때의 나는
그 말이 정말
진심일 줄 알았지

망각

죽은 겨울의 냄새가 세상을 그리던 맑은 봄날
미지근한 새싹의 푸른 향과 꽃들의 분홍빛 향
번져오던 우리네 첫 만남을 가득히 품에 안아

언젠가 나에게 사랑이 찾아온다면
이날의 기억을 꾹꾹 눌러 담아
우리의 첫 만남을 기억해
너를 내 세상에 담을 거야

자몽나무

그곳에는 오래된 자몽나무가
주홍빛 열매 하나가 달린 자몽나무가
있었어

텁텁한 향
조금은 달고 쓴웃음처럼 퍼지는 맛

우리는 괜히 웃었어
그런 맛일 줄 몰랐거든

이제 보면 그건 우리네 청춘이었어
텁텁하고 달고 쓴
우리의 청춘

486

보고 싶어
네가 너무 보고 싶어

행복했어
너와 함께면 너무 행복했어

너와 함께했던 그 뜨거웠던 계절
난 평생 잊을 수 없을 것 같아

사랑했어
아니 어쩌면 지금도

사랑해
아니 어쩌면 앞으로도

사랑할게
아니 어쩌면 과거부터

486
우리만의 암호야
사랑의 암호

이어폰 너머로 들려오는
노랫 소리가
너를 떠올리게 만들어

한쪽 귀에서 빠진 그 이어폰에서
누군가의 이어폰 너머로
심장을 쿵쾅거리게 만드는 노랫소리가 들려
그런데 말이야
너야 그 노래는 너야

무중력 고백

끈적이고 달큰한 녹음이 눈앞에 다가오고
푸르지만 거뭇한 세월이 그곳에 새겨지고

이미 흘러버린 빛을 조각조각 주워 담고
벌써 녹아내린 너를 살랑이며 흘리 우고

간지러운 숨결은 날 웃음 나게 해서
부드러운 노래는 널 미소 짓게 해서

우리가 함께 뛰어 올라서
마침내 닿은 그곳 위에는

너만을 위한
장미꽃 하나

너에게 보내는 엔딩 크레딧

제목 없는 영화처럼
우린 시작했고

곁을 비워 바라본 순간마다
너는 선명히 빛났어

사랑한다는 말로도
부족한 주연, 너

품 가득히 안은 채
너의 향기를 들이쉬며

숨이 가빠와도
그 장면을 지우고 싶지 않았어

너를 놓치지 않으려
내가 태어난 이유를 써 내려가고

기억할게
우리의 멜로디가 끝나지 않도록

사랑할게
우리의 엔딩 크레딧이 다 내려가기까지

THE END

사랑꽃

첫사랑이었어
너는 나의
첫 웃음이었고
첫 눈물이었고
첫 사람이었고
첫 사랑이었어

그 모든 첫, 이 모여
가녀린 꽃잎이 되었고
내 마음속엔
너란 이름의
사랑꽃이 피어났어

늦여름과 초겨울 사이

늦여름과 초겨울 사이
계절과 감정은 이름이 없었어
우리의 말들도 늘
목구멍 근처에서 멈췄지

울고 싶다는 말 대신
괜찮다는 말을 꺼냈어
괜찮지 않은 게 당연한 시절인데

햇빛은 아직 뜨거웠고
바람은 이미 차가웠어
우린 그 사이 어딘가에서
서로를 모른 척 지나쳤지

폭발 직전의 화산처럼
숨이 턱 끝까지 차올라도
한 발짝 늦은 우리는
결국 아무 말도 못 했어

태양도 눈도 아니었던 그 시절
우리는 그냥
조금 푸르고 조금 하얀
그 사이의 청춘이었어

Formula

수박 과즙 세 스푼
붉은 색연필 가루 1g
청춘의 탄산 한 모금
얼음 세 알

짜릿하게 뒤섞이면

한여름 사랑에 빠질 물약이
사랑의 공식이

스파클링

입안 가득 퍼지는 작은 폭발
작은 기포들이 춤추듯 올라와
한 순간 반짝이다 사라지는
그 짧은 불꽃같은 청춘의 맛

쓴맛과 단맛이 섞여
끝없이 뒤섞인 감정의 거품들
떨리는 심장처럼 올라와
톡, 내 안에 터진다

우린 모두 탄산 같이
순간순간 터져 오르다가
조용히 잦아드는
그러나 사라지지 않는 빛깔

그 빛깔이 우리의 청춘
그리고 그 끝에 남는 여운

바람개비

영원을 기원하던 나는 붉게 달궈진 해변을 밟고
순간을 기원하던 너는 차게 식어진 파도를 밟고

그토록 바라던 순간에 찾아온 바람개비가
끝을 나눈다

윤슬에 비친
네가 나를 닮아서

조금은 쌉쌀한 별빛 아래
조금은 시큼한 안개를 건너
조금은 매콤한 달빛이 스쳤고
조금은 달콤한 기억이 흘렀지

우리의 시곗바늘은
현실과 꿈 사이를 누비며
째깍째깍 물결처럼 떨리고

그 틈을 지나온
빛의 조각의
윤슬에 비친 네가
나를 닮아서

햇빛에 절여진 편지 한 장

그날의 말들은
반쯤 마른 수건처럼 늘어져 있었고

나는 편지를 쓰다가
네 이름을 세 번 접었어

책상 위로 쏟아진
햇빛 한 바가지

사실은 그게 네가 보고 싶다는 말이었고
아무 말 없이 우유를 마시던 네 옆모습이
그해 여름의 절반을 차지했지

우리는 그때
모든 게 다 영원할 거라고 착각했고
내가 던진 사소한 농담에도
네 얼굴이 붉게 익었어

햇빛은 참 부지런해서
편지를 다 절여버렸고
나는 그 편지를
먹지도 못할 피클처럼
서랍에 오래오래 넣어두었어

그리고 가끔
혼자 있을 때 꺼내 읽었어
문장마다 달라붙은 여름의 맛을
입 안 가득 굴려가며

네가 웃던 날엔
정말 아무 일도 일어나지 않았는데
그게 제일 떠오르는 거야

너무 평범해서
평범하다 못해 그리워서
다시는 돌아올 수 없는 시간

자몽 에이드

투명한 유리컵 안에서
자몽빛이 반짝였지
햇살에 녹은 얼음 조각처럼
우리의 하루도 서서히 녹고 있었어

톡 쏘는 탄산 위로
자몽 특유의 쌉쌀한 향
처음엔 인상부터 찌푸렸지만
이상하게 자꾸만 다시 마시고 싶었어

너는 그 여름의 자몽 에이드 같았어
달고, 쓰고, 눈부시고
그래서 오래도록 마음에 남는 사람

우리는 아무 말 없이
긴 빨대를 나눠 물며
서툰 온도를 주고받았지
마치 말하지 않아도 알 것 같은
그 여름의 너처럼

눈부신 오후가 끝나갈 때쯤
컵 바닥엔 반쯤 녹은 얼음과
아직 다 녹지 않은 마음이 남았어

그날의 자몽빛
지금도 가끔 생각나
그건 단지 음료가 아니라
우리의 여름
한 모금의 청춘이었으니까

환상동화

희고 눅진한 연기가 방을 한 아름 채우고
주홍빛 하늘이 따스히 내려앉았어
잘게 녹은 옅은 회색빛의 구름을 마시고
너에게 환상이란 이름을 붙여 주었지
너라는 환상은 나의 환상이 되었고
우린 같은 시간 속에서 훨훨 날아올랐어
모두가 너를 괴물이라 불러도
나만은 너를 끝까지 이 환상 속에서 사랑할게
우리의 이야기에 이름을 붙이자면
아마 아름답고 빛나는 동화가 탄생할 거야
동화의 제목을 무엇으로 할까 고민했었는데
이 제목이 최고로 좋은 것 같아

환상동화

라는 제목 말이야

가장 푸르던 거짓말

우리의 그 시절은 너무 푸르러서
그 어떤 상처도 엷은 빛으로 감췄고
우리의 거짓말은 진심보다 투명했어

우린 매일 동화를 썼어
너는 괴물이었고
나는 네 편이었고
서툰 구원이 있었고
끝나지 않는 약속이 있었지

언젠가 진짜가 될 거야
그 말이 진심이었는지 거짓이었는지 아직도 모르겠어
하지만 그때 너를 안아주던 나는 정말로 너를 믿었고
너는 정말로 나를 구해줬으니까

모두가 부정한 우리였지만 우리는 우리만의 색으로 불탔어
주홍빛 하늘 아래 너와 나는 날아올랐고
그 푸른 환상은 다 타버릴 줄 알았는데
이상하게 아직도 눈이 시려

그래서 말인데
그 시절의 우리를 뭐라 부르면 좋을까

가장 푸른
거짓말 같은
하지만 진짜였던
그 겨울의 환상동화
라고 부르는 편이 가장 좋을 것 같네

3. 그림자 속에서
길을 잃어도

Irrational (비이성적인)

아이의 책상 위엔 아직 짐들이 놓여 있었다.
모서리가 닳은 국어책, 구겨진 노트, 펜이 터져 번진 낙서.
마지막으로 넘긴 페이지는 진도보다 한참 뒤였다.

아이는 말이 없었다.
맞은 날도, 뺏긴 날도, 웃으며 괜찮다고 했다.
어디가 괜찮냐는 질문은 아무에게도 들은 적 없었다.

복도로 나가던 날,
신발을 벗어놓고 잠깐 뒤돌아봤을지도 모른다.
그 교실을, 그 복도와 벽을,
자신을 향해 쏟아진 조용한 폭력을.

그러나 그날, 아무도 따라 나오지 않았다.
누구도 그 아이의 발걸음을 불러 세우지 않았다.

뉴스는 짧게 보도했다.

학생 간 갈등으로 추정.
학교 측, 관리 소홀 인정.
가해 학생은 선도 처분 예정.

그리고 이틀 뒤, 책상은 치워졌다.
의자는 다른 반으로 옮겨졌다.
아이의 이름은 다시 불리지 않았다.

하지만 나는 기억한다.
그 아이는 뛰어내린 것이 아니라 밀린 것이었다.
조롱과 방관과 침묵이 등을 떠밀었다.

책상 위에 남은 것들은 많지 않다.
그러나 그 빈자리에서조차, 세상은 여전히 조용하다.

최애

난 너의 최애가 되고 싶어
넌 나의 최애가 되고 싶어?

너의 입술에서 검고 진득한 말이 나올 줄 알면서도
순간의 희망에 마음을 거는 나는 대체 왜 이런 거야

하루만 너의 최애가 되고 싶어

나의 모든 걸 네게 줄게
너의 모든 걸 내게 주렴

잠깐
거울 속 저건 뭐야?
저게 설마 나야?

고요한 상실

마음은 늘 가장 늦은 계절에 머무는 법이라,
나는 아직 너를 보내지 못했다.
시간은 날 재촉하듯 빠르게 흐르고,
주변의 숨소리마저 옅어져 가는데
난 어째서 그대로인 것일까.

숨 막히듯 살아가며 나는 차츰 무너졌다.
부서졌다.
그러나 무너진 순간에 피어난 것은 이상하리만큼
인간적인 온기였다.
칼날 같은 날개를 펼쳐도 그대로였다.
냉소 같은 단어를 뱉어도 그대로였다.
그들은 그대로였다.
그 순간, 나는 알았다.
고통은 혼자서만 삼키는 것이 아니라고,
누군가가 옆에 있다는 건
살아 있으라는 명령처럼 느껴질 때가 있다고.

마침내 이런 나에게도 빛이, 아주 자그마한 빛이 스며들었다.

사람은 그렇게 다시 살아진다.

온전하지 않게, 그러나 분명하게

남겨진 마음 하나가 또 다른 마음에 닿는 순간에

그리고 나는 오늘도 묻는다.

이 고요한 상실 위에서 나는 어떻게 살아야 할지를.

결핍

번져가는 청춘 아래

사랑이 필요해서
돈이 필요해서
명예가 필요해서
무엇이든
무엇이든
다 필요해서

결핍

새벽에 서린 너란 이름은

미치도록
숨 막히게
저려왔어

다정한 눈빛에
엉겨 붙은 찬 말로
날 죽였어

널 너무 아꼈고
널 너무 사랑했기에
난 결국 놓지 못했지

그러나 이제야 알 것 같아
아낀다라는 말속에
사랑한다는 말속에
남겨진 인형놀이 말이야

새벽에 서린 너란 이름은
내가 조각조각 끝낼게

무음 모드

알림은
오지 않았고

대화창은
그대로였다

괜찮아?
힘내

나는
누구의 말도
듣고 싶지 않았다
내 안의 목소리마저
끄고 싶었다

그때의 나는
감정이 자꾸 터지던
아이였다

웃고
울고
넘치고
흘렀다

그래서 결국
소리를 끄는 법을 배웠다

무음 모드
그건 나의 방어막이자
나를 가장 잘 숨겨주는 기능이었다

아무도 몰랐다
그 조용함이
얼마나 많은 말 끝에 남겨진 침묵이었는지

나는
그 침묵 속에서
오래 살았다

그리고 지금도 가끔
그 모드를 켠다
감정이
너무 크게 울리는 날엔

라벨 없는 이름들

나는 종종
이름 대신 색으로
기억되는 사람이
되고 싶었다

이를테면
새벽 4시의 물빛
찢긴 노트 가장자리에 번진 잉크색
네가 웃을 때 스치는 자몽빛 같은 거

누군가는 내게 물었다
너는 누구냐고
어떤 이름으로 살아가고 있냐고

나는 대답하지 못했다
말 대신 손바닥 위에
조용히 흘러내리는 얼음 한 조각을 보여줬다

그 조각은 내 마음의 모양이었고
녹고 있는 감정의 속도였다

나는 오늘도 색으로 기억되고 싶다
소리 없는 자몽빛으로
라벨 없는 이름으로

착한 아이 콤플렉스

괜찮다는 말을 너무 자주 썼어
그 말에 기대는 내가 어쩐지 좀 안쓰러웠지

누군가를 다치게 하지 않으려 늘 나부터 물러섰고
상처는 조용히 혼자서 소독했어

아무도 모르지만 가끔은 너무 외로웠어
모두를 이해하다 보니 정작 나는 아무도 이해받지 못했어

그래서 결심했어
이젠 조금 더 솔직해지기로
말하고 싶을 땐 말을 아끼지 않기로
서운하면 서운하다고
싫으면 싫다고

나도 조금쯤은 불편한 사람이 될 수 있다고
그게 그렇게 나쁜 건 아니니까
그만 착해지기로 했어

이제 내 마음에도
조금쯤은 내가 있어야 하니까

알러지

추락
그리고 또다시
추락

끝이 보이지 않는
절벽 아래로
추락

거울을 깨트려
붙잡은 유리 결정 속
추락

나라는 이름 아래
나라는 얼굴 아래
추락

눈물에도 색이 있다면

눈물에도 색이 있다면
넌 아마 푸른색일 거야
마치 바다 같은 너의 마음속은
깊고 차갑고 끝을 알 수 없거든
넌 마음속 깊이 상처가 많은 아이잖아
난 그걸 느낄 수 있어

눈물에도 색이 있다면
난 아마 회색일 거야
무엇이 옳고 그른지 아직 모르겠는 난
아직 그 갈림길에 서 홀로 방황하고 있으니까
너도 그걸 느낄 수 있을까
너가 내 마음을 느낄 수 있다면 좋겠다

우리네 눈물은
마침내 비가 될 거야
사람들의 몸과 마음을 모두 적셔서
우리의 감정을
모두에게 알려줄 거야
아프지만 절대 무너지지 않을 거라고

내가 가라앉은 온도 0도, 내가 떠오른 온도 100도

나는 자주 얼었다
입술은 말라붙고
내 표정은
내가 아닌 사람처럼 굳어버렸다

말하지 못한 말들이
내 마음 한복판에서
덩어리 진 채로
서서히 얼어붙었다

그걸 꺼내려면
스스로를 해동시켜야 했지만
나는 감정이 녹는 속도가
세상보다 느린 아이였다

0도는
내가 나를 모를 때의 온도였다
내 이름을 부르면 낯설게 들리고
거울 속 나는 아무 말도 하지 않았다

가끔은
이상한 기운이 뜨겁게 솟구쳤다
벼락처럼
불씨처럼

나도 모르게 말이 터지고
숨이 헐떡였고
눈물이 나올 듯 말 듯
가슴 어딘가에 부딪혀 흔들렸다

100도는
내가 무너질 것 같은 순간에
겨우 나를 붙잡으려 애쓸 때의 온도였다

그 온도에서 나는
처음으로 나를 봤다
이해하지 못한 채 살아온
열여섯 번째 나를

나는 아직 정확히 어디쯤 있는지 모른다
가라앉아 있는지도
끓고 있는지도

다만 분명한 건
나는 여전히
내 온도 안에서
살아가는 중이라는 것

붉은 심연

붉었습니다
숨 가쁘게 살아오는 우리가

깊었습니다
밤마다 흐르는 눈물로 만든 바다가

언제일까요
우리가 미소를 잃게 된 그날

우리에게
붉은 심연이 찾아왔습니다

바다야

쌀쌀한 공기가 찾아오는 계절이 되어
눈이 내렸어

하얗고
고운
눈

바다 위엔 눈이 쌓였어

살랑이는 파도 위에
서걱이는 눈꽃 하나

바다야
난 눈꽃이 녹을 줄 알았어
그런데 녹지 않더라

그러니 바다야
우리네 청춘도 그럴 거야
차갑고 약해 보여도
아름답고 쉽게 녹아내리지 않을 거야

진눈깨비

살갗이 붉게 얼룩지고
온몸이 진흙으로 뒤덮여
억눌리고 또 억눌려도

내가 무너지고
네가 쓰러져
부서지고 또 부서져도

피눈물이 영루하고
그윽하게 소리쳐
짓밟히고 또 짓밟혀도

우리는 살아낸다
아득하게 먼 희망일지라도
실낱 같은 희망을 잡고서
우리는 진눈깨비가 된다

내 청춘은 고장 난 나침반이었다

나의 청춘은 늘 방향을 잃고 있었다
가리키는 곳은 매번 달랐고,
어제는 북쪽이라던 바늘이 오늘은 서쪽을 향해 흔들렸다

누군가는 말했다
진로는 정해져야 한다고
이정표를 세워야만 한다고

하지만 내 손에 쥔 나침반은
비 오는 날의 라디오처럼 지직거리기만 했고,
조용한 밤엔 나조차 나를 이해할 수 없었다

그래도 나는 향했다
나침반이 알려주는 대로 향했다
틀린 걸음이라도 멈춘 걸음보다 낫다고 믿었고,
엉뚱한 길 끝에서 새로운 나를 만나곤 했다
조금 어색했지만 나쁘지 않았다
그것도 나였으니까

길을 잃었다고 울던 날도 있었다
하지만 길을 잃었기에 별이 얼마나 반짝이는지,
바람이 어떻게 등을 밀어주는지 처음 알 수 있었다

내 청춘은 고장 난 나침반이었다
하지만 그 덕에 나는 수없이 헤매었고,
그래서 더 많이 사랑하고, 더 깊이 아팠다

어디로 가는지 몰랐기에
결국엔 나다운 길에 닿을 수 있었다

하나에 숨을 마시고,
둘에 내쉬어

가빠지는 호흡
터질듯한 심장
때로는 숨막혀
보이지 않기에
힘겹게 버티는
너라는 존재를

위해

하나에 숨을 마시고
둘에 내쉬어

우리의 청춘은
푸르른 겨울 같아서

청춘은 뜨거움과 차가움, 그뿐이라고 말한 사람이 있다.
그럼에도 그 사이 어딘가, 미지근한 온도에서 나는 머무르
고 있었다.

계절이 바뀌고, 해가 바뀌어도 나는 그대로였다.
변하지 않았다.
남들은 다 앞서 가는 것 같은데 난 깊은 늪에 빠진 듯 한
걸음도 나아갈 수 없었다.

왜 나는 그대로일까
자책하고 재촉해도 변하지 않았다.
난 나를 놓기로 결심했다.
그렇게 내 마음은 겨울에 머물렀다.

어느덧 새싹이 돋아나는 봄이 찾아왔지만, 나는 스스로를
얼음 속에서 꺼내지 않았다.
남들도 내게 관심을 가지지 않았다.
다들 자신의 인생을 사느라 바쁠테니.

그러던 중, 네가 말을 걸었다.
미지근한 온도로

그 미지근함으론 내 얼음을 녹일 수 없었다.
그런데 이상했다.

겨울이어도 괜찮아.
우리의 청춘은 푸르른 겨울 같아서
먼 훗날 더 아름답게 빛날 수 있는 거야.

그 말이 내 마음에 자그마한 불꽃처럼 다가왔을까
어쩌면 난 따뜻한 위로 한 마디를 바랐던 걸지도 모르겠다.

겨울이 끝난 난,
푸르른 겨울을 겪고 있는 모든 청춘에게 말하고 싶다.
넌 아름답다고.
소중하다고.
그래서 밝게 웃을 수 있으면 좋겠다고.

피투성이

우린 늘 넘어졌다
흙먼지 속에서
금 간 무릎을 감추지 못한 채

울지 않는 게 멋인 줄 알았고
상처를 흉터로 바꾸는 게
성장인 줄 믿었다

피투성의 하루들 위에
서툰 웃음을 얹으며
우린 살아냈다

붉게 얼룩진 청춘이었지만
그 피가 말라붙기 전에
우린 또다시 뛰어들었다

도깨비불

밤에 젖어가는 들판 끝
우리의 마음은
작고 희미한 불빛

잡으려 하면
저 멀리 사라지고
포기하면
바람결에 다시 다가오는

이상한 불

너는 나에게서 달아났고
나는 너를 놓지 못했고

우리의 이름이 반짝일 때마다
서로를 비추지 못한 채
그저 깜빡이는

도깨비불
닿을 수 없는 온기
그리고
불붙지 못한 그리움

그래서 우리는 끝내
불도 그림자도 되지 못한 채
어스름 속에 흩어지고

기억해
한때 우리는
길 잃은 누군가의 밤을
잠시나마 밝혀주었다는 걸

미성숙

어른이 되기엔
마음이 덜 말랐고

아이로 남기엔
너무 많은 걸 알아서

모퉁이마다
날카로운 말이
박혀 있었고

나는 조용히
눈을 피하는
방법부터 배워서

나는 어느 틈에
참는 법만
커다래졌고

울음은 자주
목구멍에
갇혀서

괜찮다는 말을
너무 많이 써버려
이젠 정말 괜찮지 않은 것들이
나조차 낯설어서

책상 위에
자란 키만큼 쌓여가는
이해와 오해 사이에서

나는
아직도
미성숙

그러니
조금은
기다려줘

나를 내가
따뜻하게
안을 수 있을 때까지

우리는 겨울이었다

우리는 늘 추웠다
열정을 다해 뛰려다 넘어졌고
꿈을 꾸려다 얼어붙었다

하지만 아무도 우리에게 말해주지 않았다

청춘이 꼭 따뜻할 필요는 없다는 걸

우리네 청춘은
눈 내리는 운동장에 혼자 남은 발자국 같았고
불 꺼진 교실 창에 비친 얼굴 같았고
밤새 쓴 메시지를 결국 보내지 못한 새벽 같았다

그래도 우리는
단단한 마음으로 서로를 안았고
말없이 곁에 있었다

아무것도 이룬 게 없는데
세상이 전부 우리처럼 느껴졌다

그 시절을 돌아보면
분명 마음 한가운데 한기가 돈다

한마디로 말하자면
우리는 겨울이었다

가장 차가운 계절 속에서
가장 뜨거운 마음으로 버텼던 그땐
아무도 모르게 반짝였던
우리만의 청춘이었다

차갑던 마음 위에 아물 듯
피어난 우리라는 청춘의 꽃

때로는 흐릿하고 불분명하기에
때로는 새까맣고 얼음장 같기에
매일 밤 눈물을 흘리던 나, 너, 우리

그 속에 피어날
세상을 수놓을
아리따운 꽃 한 송이

때로는 따스하고 환히 빛나기에
때로는 서로에게 서로 위하기에
매일 밤 하루를 다짐한 우리, 너, 나

4. 청춘은 무라벨
이니까

하늘빛 꿈

푸르디푸른 하늘을
높디높은 하늘을
두 손에 가득 담아
널 향해 날린다

길 잃지 말고 가거라
하늘빛 꿈아

우리들의 푸른 봄

아직은 미숙한 한 걸음을 내디뎌
조금은 익숙한 한 걸음이 되겠지

익어 가는 추억의 색으로
우리의 그림을 색칠하고
꽃 피우는 추억의 빛으로
우리의 계절을 빛내주지

기다려줘
내가 눈부신 미래를 그려낼 때까지
기다려줘
우리들의 푸른 봄은 아직 끝나지 않을 테니까

겨울가

열이 오른다
차디찬 언덕 위에 누워
열을 식힌다

별이 내린다
어둡다 못해 푸르른 밤하늘을 바라보며
별을 되뇐다

하얀 숨결을 내쉬어
악보를 적어낸다
덧없는 꿈같더라도
악보를 그려본다

비로소 완성된 악보는
하나의 발레요
너와 나의 호수이니
겨울을 비춰낸다

그 시절, 바람에게 쓰던 편지

바람에게

안녕하세요
이 말을 하기까지
참 오래 걸렸어요

사실은 말이죠
어릴 때부터
당신을 무척 기다려 왔어요

벤치에 앉아 있던 내 뒤에서
갑자기 마음을 콕 찌르던 당신이
자꾸 머릿속에 맴돌았죠

그땐 몰랐어요
당신이 이렇게
내가 살아가는 방식이 될 줄은

아무도 내 마음을 잘 몰라줄 때
당신은 단 한 줄로 말해줬죠
너는 괜찮아

잊고 싶었던 일들을
아름답게 기억하게 해 주고
말로 꺼낼 수 없는 것들을
조용히 들어준 것도 당신이었어요

그래서요
이제는 나도
누군가에게 바람이 되고 싶어요

당신처럼
한숨으로 위로가 되는
그런 존재가 되고 싶어요

말이 좀 많은 나지만
편지는 원래
마음이 넘치는 만큼
쓰는 거라고 하니까요

그러니까 앞으로도
조금만 더 곁에 있어 주세요
나도 당신을 닮아가 볼게요

바람 씨
고마워요
정말 많이요

당신을 존경하는
누군가의 누군가가

홀씨

불어오는 바람에
꽃잎 한숨을 피워낸다

그러나 꽃잎이 되진 않을 것이다
금세 시들 꽃잎이 되진 않을 것이다

불어오는 바람에
홀씨 한 줌을 날리 운다

꿈을 품은 네가
설탕 향이 나서

우리가 야자 때 나누었던 말 기억나?

교복 주머니에 구겨 넣은 사탕 하나
졸린 눈으로 꺼내 먹으며
세상에서 제일 진지하게
지금이 제일 힘들다고

매점 초코빵 하나에 인생을 걸고
시험지 한 장에 미래를 맡기면서도
웃겨 죽겠다며 웃었잖아

네가 창밖을 가리키며 말했지
"첫눈 오면 도망가자, 어디든."
그 말이 왜 그리 좋았는지 몰라
진심이 아니라는 걸 뻔히 아는데도
그 순간, 교실이 조금 따뜻해졌어

책상 위에 고개를 묻고
우린 셀 수 없이 많은 밤을 버텼지
꿈은 늘 멀었고
우린 늘 졸렸고
그래도 뭔가 향기 났어

지치고, 땀나고, 복잡한 하루 속에
희미하게 스며드는 설탕 향 같은 것

네가 쓴 졸업 앨범 속 자기소개를
한 글자씩 읽다 웃었어.
"버틸 수 있었던 건, 우리 덕분이었다."
그 말이 낯설도록 조용했어

그래, 그땐 우리 모두
조금은 반짝이고 있었지

지금 생각해 보면
너는 늘 설탕 향이 났던 것 같아
막 지운 샤프심 냄새
지각할까 뛰던 운동화의 먼지
그리고 가끔은 울음 같은 웃음

꿈을 품은 너는
무겁고 단단한 현실 속에서도
한 줌의 단맛처럼
우리를 붙잡아줬어

우리, 그때 그 말 기억할까?
"아 시기 지나면 다 괜찮아질 거야."
아마 정말 그랬나 봐

그 모든 날이
하얗게 녹아내린 설탕처럼
조용히
달콤하게
생각나니까

52705202

뜨거운 계절의 한복판에서 너를 부른다
너의 밝은 미소가 여름날의 햇살 같아서
너의 차분한 말투가 여름날의 소나기 같아서
우리는 여름이었다

should

왜 그렇게 생각하는 거야?
왜 날 그리 바라보는 거야?

지금 너의 시선은 진흙 속에 떨어진 꽃잎을 밟는 발 같아

까놓고 말할게
아리따운 날 두고 멋대로 평가하지 마

낙화

꽃이 떨어집니다
밀물이 밀려옵니다

바다 위에 떨어진
한 떨기의 꽃이
서서히 젖어갑니다

부서질 듯 빛나는
바다 위 윤슬이
찢어질 듯 얇은
파도 위 꽃잎이

낙화합니다
그러나 낙화가 되진 않을 겁니다
뜨겁게, 때로는 차갑게 낙화할 겁니다
한 번뿐인 나의 청춘을 저무는 햇살 속
바다를 수놓던 꽃잎의 눈부심으로 새기겠습니다

초안

처음부터 완벽한 문장은 없다
우리는 지워지고 고쳐지는 과정 속에 있다

삐딱한 낙서처럼 번진 고백들
맞춤법 틀린 꿈과 미처 다 쓰지 못한 하루들
그 모든 불완전이 청춘의 문장이니까

누군가는 정답을 요구하지만
우리에겐 답안지가 아니라 여백이 존재한다
붉은 펜으로 매만지는 대신
손끝으로 지우고 다시 시작하는 날들

흔들리는 글씨체로 쓴 다짐도
언젠가는 작품이 되리라 믿는다
초안은 실패가 아니라
살아 있다는 증거니까

우리는 초안으로 태어나
초안으로 방황하며
끝내 초안으로 남는다
그러나 그 미완이,
가장 청춘다운 완성이다

수평선에 너를 두고 왔어

잊혀진 밤
사라진 노을
세상이 꺼질 듯 조용한 이곳에서
우리는 밤새도록 달을 즐겼지

엉성한 스텝 설익은 미소
모래바람에 웃음이 날렸고
우리는 먼지투성이가 되어
바닷물에 발을 담그며
그 속에 비친 우리를 바라보았어

수평선에 너를 두고 왔어
더는 보이지 않는 너
아슬아슬했던 우리의 미래조차
연무처럼 흩어져버렸지

잊혀진 새벽
사라진 해
세상이 꺼질 듯 조용한 이곳에서
우리는 낮 새도록 해를 즐겼지

어설픈 춤 익숙하지 않은 손짓
그 모든 게 좋아서
우리는 아무 말 없이
바람을 껴안았어

바닷물 속 흔들리던 우리
서로를 닮은 그림자
그곳에 너를 두고 왔어

지금은 닿을 수 없는
아득한 그 추억들
내일 아침 눈을 뜨면
혹시 내 옆에
네가 있을까

그러나 나는 알아
수평선은 멀어질수록 아름답고
잡으려 할수록 사라진다는 걸

그래서 너를
그날의 너를
조용히 수평선 너머에 남겨두었어

아슬아슬했던 우리의 미래도 함께

반전

저무는 빛이 벽에 번지듯
모든 것이 한순간에 뒤집힌다

손안에 있던 것들이 흩어지고
주변 그림자들이 하나둘 멀어진다

숨이 막혀오고
벗어나고 싶지만
움직임은 희미한 파문 속에 가라앉는다

무너지는 순간조차 부드럽게
낯선 파문은 천천히 스며들며
내 안의 이름 모를 색을 드러낸다

끝이라 믿었던 자리에서
조용히 다른 시작이 피어오르고 있었다

199Hz

나는 늘 조금씩 어긋나 있었다
다른 사람의 말에 반 박자 늦게 웃었고
눈을 맞추는 게 어려웠고
모르는 척하면서 다 알고 있었다

199Hz
그건 내 마음이 울리는 주파수였다
공명하기 직전
그러나 끝내 맞닿지 못한 파장

사람들은 말한다
너는 예민하다고
쓸데없는 생각이 너무 많다고
그러다 보면 힘들어질 거라고

그럴수록 나는 더 조용히 떨렸다
들리지 않을 만큼
보이지 않을 만큼
그러나 분명히 존재하는 떨림

나는 스스로를 조율하느라
청춘 내내 피곤했다
너무 차가워지지 않도록
너무 뜨거워지지 않도록

단정하게
무해하게
이상하지 않게

그런데 이상했다
나는 점점
내가 아닌 소리를 내고 있었고
그 소리는 나만 듣지 못했다

이따금
누군가 내 안의 떨림에 귀 기울여주길 바랐다
199Hz쯤에 머무는 감정을
누가 한 번쯤은 들어봐 주길

나는 아직도 그 음을 품은 채
살아간다
정확하지 않아 더 나를 닮은 진동
199Hz
그게 나였다

눈꽃

-가 되어 어디로든
한순간의 빛처럼 눈부시게
세상에 단 하나밖에 없는 존재
너

레드, 그 강렬했던 불꽃

청춘은
붉었다

선홍빛 욕망
붉게 달아오른 맥박
말보다 먼저 터지던 심장

우리는
늘 무언가가 될 수 있을 것처럼
꺼지지 않을 것처럼
타올랐다

붓 끝에 쏟아낸 미래
벽에 부딪힌 꿈
손바닥에 쥐고 있던 정의

그 모든 것이 빨갛게 타올랐다

그래서
우리는 때때로
뜨겁게 울었고
미련하게 웃었고
무모하게 걸었다

레드
그건 사랑보다 진했고
분노보다 뜨거웠으며
무엇보다
우리를 살게 했다

청춘은 결국
불꽃이었다

잠깐 타오르고
서서히 사그라지고
눈 감으면
아직도 눈앞에 남아 있는

그 강렬한
한줄기의 레드

오ㄹ ㅣ너구ㄹㅣ

숨을 쉬어
발을 내디뎌
부리 달린 포유류처럼
정체가 엉킨 채
물가에 걸터앉아 있는
나라는 생명체

I

첫 숨결을 불어넣어
조각조각 빚어내니
어여쁘디 어여쁘구나

시간이 흘러
조약돌 같은 아이야
너의 여린 몸으로
세상을 견뎌 내는구나

시간을 달려
성한 곳 없다 할지라도
너의 강인한 몸은
날 꿋꿋이 버티게 해 주었구나

너, 그리고 나
멀지만 가까운 아이야
이 세상이 끝나는 날까지
나와 함께해 주렴

날개

소리 없는 비명 속에서
날개가 돋아나
불안정한 한 걸음을 내디뎌
날개를 펼치고
날아오를 준비를 해

날아오르리라
날아오르리다
우리는 훨훨
날개를 펼치리라

미완의 항해

바람은 늘 방향은 잃고
나는 늘 이유를 잃는다

지도는 반쯤 찢겨 나갔고
나침반은 고장 났고
파도는 내 이름을 삼켜버렸다

그래도 나는 돛을 올린다
어디로 가는지 알 수 없어도
멈추는 순간 청춘이 멈춰 버릴 것 같아서

끝나지 않은 질문을 싣고
미완의 항해는 계속된다

일그러진 세상이지만

무너지고 미워하고
증오하고 사랑하고

일그러진 세상이지만

우리는 살아간다
버티며 살아간다

청춘은 무라벨

반항
예민함
질풍노도의 시기

고작 이런 말들로 치부되는 우리의 청춘

조금만 자세히 보면 다를 텐데
우리의 진짜 모습이 보일 텐데

정체성을 찾는 우리가
감정을 다루는 법을 배우는 우리가
미래를 꿈꾸는 우리가
열정을 다해 지금을 살아가는 우리가

그래서 난 이렇게 말할 거야
우리의 청춘에 이름 따윈 필요 없어
그러니

청춘은 무라벨

겨울은 아름답고도 찬란하니까

너의 마음처럼 새하얀 첫눈이 내려올 때
우리는 이별을 약속했어

그날은 유독 따스한 겨울이었고
우리가 주고받은 편지지에는 꽃망울이 피어 있었지

네 순서가 다가와 단상 위로 올라갔을 때
두 눈이 눈꽃 같은 반짝임으로 물든 걸 알 수 있었어

너는 말했지
언젠가 다시 만나자

나는 답했어
겨울은 아름답고도 찬란하니까

영원 방정식

우변에는 너의 웃음을
좌변에는 나의 설렘을

시간을 미지수로 둔 채
계절을 괄호 삼아
손끝이 닿을 거리를 계산했지

미완의 풀이
지워진 풀이

뒤늦게 깨달은
우리의 방정식은
영원 방정식

청춘은 끝나지 않으니까

누구에게나
다시 돌아가고 싶은 날이 있네요

말 한마디가
설렘이던 순간
눈빛 하나로
마음이 흔들리던 계절

멀어진 줄 알았던 시간은
생각보다 가까운 곳에 있었고
우리는 다시 그때처럼 웃을 수 있었죠

그래서 전 믿어요
청춘은 나이가 아니라
다시 웃을 수 있는 용기라는 걸

그리고
그건
영원히
끝나지 않으니까

흔들리는 별빛이라 하더라도

가끔은 우주를 유영하듯
쓰라린 추억을 품어뒀지

그러나

흔들리는 별빛이라 하더라도
그 속에서 버텨내어 살아낼게

한낮의 별

한낮의 별은 아무도 쳐다보지 않아

우린 그런 별일지도 몰라
아무도 찾지 않는
아무도 보지 않는
그런 한낮의 별

그런데 그거 알아?

밤하늘에 빛나는 별은 못 돼도
태양의 빛 속에서 조용히 존재하는 것만으로
누군가에겐 작은 희망이 되고
누군가에겐 따스한 위로가 돼

그래서 우린 한낮의 별이 되었어
보이지 않아도
포기하지 않는 존재
그런 한낮의 별

우리의 우주를 여행하며

너는
그리고 나는
하나의 별에서 시작한 먼지였어

불완전한 궤도를 따라
서툰 중력을 주고받으며
몇 번이고 충돌했고
그럼에도 다시 빛났지

말이 닿지 않아 밤이면
우리는 손끝으로 신호를 보냈지
미세한 떨림을
소행성보다도 작은 용기를

우주의 끝은 어디인지 묻는 너에게
나는 속으로
아마 우리가 다다르지 못한 마음
이라고 작게 대답했어

빛은 멀리서 올수록
더 늦게 도착하는 법이니까
지금의 너도
사실은 예전의 너일지도 모르지

우린 아직
항로를 모르고
종착지도 없어

하지만 괜찮아
이 여행엔
너와 나
그리고
끝없이 반짝이는 감정들이 있으니까

검은 고양이 눈 감은 듯

검은 고양이 눈 감은 듯
오늘과 내일 사이
경계는 흐릿하다

발끝이 바람에 튀듯 흔들리고
툭툭, 공기 속에서 작은 반짝임이 튀어 오른다
심장은 구르는 공처럼 둥글고
내 안의 숨결은 퐁실하게 부풀어 오른다

손에 잡힐 듯 말 듯
모은 순간이 장난치듯 스치고
넘어질 듯 달려가다
다시 튀어 오르는 마음의 반짝임

앞이 보이지 않아도
미래가 어둡게 펼쳐져도
나는 검은 고양이처럼
호기심 가득한 눈으로 길을 살핀다

흐릿한 경계 속에서
통통 튀는 발걸음이
반짝이는 길을 만들어낸다
그리고 그 길 위에서
나는 언제는 다시 뛰어오를 준비가 되어 있다

천랑성

청춘이란 단어는 우리를 아프게 해서
때로는 세상에서 필요하지 않은 것 같다며
불완전함에 몸서리치며 울부짖던 우리

그럼에도 우리는 어둡고 밝은 하늘 속
각자의 꿈을 향해 달려가고 찾아가며
영원히 빛나지 않더라도 지금 이 순간

결국에는 환하게 이뤄내고 반짝일 테니
괜찮아 저 하늘의 천랑성처럼 눈부시며
뜨겁게 타오를 불완전 결정체, 우리

낭만 종말론

언제나
청춘의 틈 사이에서
꽃처럼 피어나던 낭만

어느새
그 틈은 바람에 말라
낭만도 잎을 떨구듯 시들고

낭만의 종말 따윈
시간 속으로 흩어져 버려

하지만 난 이어갈 거야
그 빛나는 조각들을
너와 맞닿은 곳에서
우리, 청춘의 낭만을 잇자

읽어 보면 좋은 시집2
-청춘은 무라벨

1판 1쇄 발행 2025년   10월 27일

지 은 이   박담희
발 행 인   한송이
발 행 처   한송이 출판사

문   의   chaekyeojung@naver.com
등록번호   제 2024-000112 호
등록일자   2024년 8월 13일

ISBN   979-11-988946-8-7 (13800)
가격   13,000원